Lernfuchs

GEDÄCHTNIS SCHULEN

ab 10 Jahren

Compact Verlag

Bisher sind in dieser Reihe erschienen:

- Englisch: Übersetzung 1. Lernjahr
- Englisch: Diktat 1. Lernjahr
- Englisch: Grammatik 1./2. Lernjahr
- Deutsch: Aufsatztraining 5./6. Lernjahr
- Deutsch: Rechtschreibung 5. Lernjahr
- Deutsch: Grammatik 5. Lernjahr
- Mathematik: Grundrechenarten 5. Lernjahr
- Mathematik: Textaufgaben 5. Lernjahr
- Mathematik: Bruchrechnen 6. Lernjahr
- Latein: Grammatik 1. Lernjahr
- Konzentration üben ab 10 Jahren
- Gedächtnis schulen ab 10 Jahren

Text: Tanja Gabriele Klein
Chefredaktion: Dr. Angela Sendlinger
Redaktion: Felicitas Zahner
Produktion: Wolfram Friedrich
Typografischer Entwurf: Carsten Abelbeck
Umschlaggestaltung: Axel Ganguin
Illustration: Franz Gerg, Sonja Heller

ISBN 978-3-8174-7465-3
7374652

Besuch uns im Internet: www.compactverlag.de

Inhaltsverzeichnis

Vorwort

Kennst du das? An manchen Tagen fühlst du dich regelrecht überfordert – die Hausaufgaben wollen einfach kein Ende nehmen. Das hängt allerdings nicht immer nur mit der Menge der Aufgaben zusammen, sondern auch damit, wie gut du dir den jeweiligen Lernstoff merken kannst.
Das vorliegende Übungsbuch aus der Reihe *Lernfuchs* möchte dir auf spielerischem Weg viele hilfreiche Merktricks vermitteln. Damit du dabei auch Spaß hast, wurden möglichst viele abwechslungsreiche Übungen ausgewählt. So erfährst du zum Beispiel anhand von Selbsttests, ob du dir Inhalte besser über das Auge oder das Ohr einprägen kannst. Dabei wirst du feststellen, dass eine Kombination verschiedener Sinne den größten Lernerfolg bringt. Am Ende des Buches findest du einen ausführlichen Lösungsteil, mit dessen Hilfe du selbstständig überprüfen kannst, welche Fortschritte du schon gemacht hast.

Der Schwerpunkt dieses Bandes liegt auf der Steigerung deiner Merkfähigkeit. Kurze und einfach formulierte Texte informieren dich darüber, wie du deine Gedächtnisleistung gezielt steigern kannst. Du erhältst dabei konkrete Ratschläge, wie du es schaffst, dir mathematische Formeln, Rechtschreibregeln oder geschichtliche Zusammenhänge schnell und dauerhaft einzuprägen. Übungen zu den verschiedenen Themenbereichen helfen dir, das Gelesene richtig anzuwenden.

Du wirst zu jedem Thema umfassend informiert. Wichtiges wird in farbigen Regelkästen hervorgehoben. Anschauliche Beispiele, Checklisten und Selbsttests helfen dir, dich ausführlich in jedes Kapitel einzuarbeiten. Im Anschluss daran hast du zahlreiche Möglichkeiten zum Üben. Zwischendurch stößt du immer wieder auf einen Tipp, der dich darauf hinweist, wie die folgende Aufgabe am einfachsten zu lösen ist, oder der dir bestimmte Sonderfälle vorstellt.

Einstiegstest: Was weißt du über dein Gedächtnis?

Bestimmt hast du schon die Erfahrung gemacht, dass du dir manche Dinge sehr gut merken kannst, während du andere Inhalte kaum in deinen Kopf hineinbekommst. Wie gut dein Gedächtnis funktioniert, scheint also davon abzuhängen, *was* du dir merken musst. Vielleicht gibt es aber auch jemanden in deiner Klasse, der sich eine Seite im Buch nur anschaut und ein paar Tage später noch genau weiß, was dort stand, während sein Banknachbar viel länger dafür lernen muss (und trotzdem die Hälfte wieder vergisst ...): Nicht alle Menschen scheinen sich also bestimmte Dinge gleich gut merken zu können.
Um dein Gedächtnis in schwierigen Situationen zu überlisten, lernst du in diesem Buch verschiedene Tricks und Techniken kennen, mit deren Hilfe du dir Inhalte aus ganz verschiedenen Wissensgebieten schneller und länger merken kannst. Außerdem erfährst du einiges darüber, wie das Gedächtnis eigentlich funktioniert. Mit diesem Wissen kannst du dann auch ganz selbstständig nachvollziehen, warum man mithilfe der Tricks und Techniken viel besser lernen kann.
Zum Einstieg gibt es zunächst einmal ein kleines Quiz:

1 **Kreuze an, welche Antwort deiner Meinung nach richtig ist. Achtung: Manchmal stimmen auch mehrere Antworten!**

1. Wenn man eine große Menge Lernstoff behalten muss, lernt man am besten:
a) alles auf einmal
b) immer nur einen Teil, später dann noch einen Teil und so weiter

2. Ob man neuen Lernstoff liest, hört oder als Film anschaut, ist:
a) nicht egal (das hängt von demjenigen ab, der lernt)
b) egal (man behält sowieso immer gleich viel)
c) nicht egal (das hängt davon ab, was man genau lernen muss)

3. Ist es gut, wenn man versucht, sich neuen Lernstoff möglichst schnell einzuprägen?
a) Ja, weil man dann nicht so viel Zeit zum Vergessen hat.
b) Nein, weil sich der neue Stoff dann nicht „setzen" kann.

4. Wenn man sich viele ähnliche Dinge merken muss, ist das:
a) gut, weil die Ähnlichkeit einem hilft, die Sachen besser zu behalten
b) schlecht, weil die Ähnlichkeit dazu führt, dass man die Sachen verwechselt
c) schlecht, weil einem dabei schneller langweilig wird

5. Wie viele Dinge kann man sich über lange Zeit merken?
a) fast unendlich viele
b) nur wenige – wenn man zu viele Dinge behalten muss, vergisst man andere

6. Ist es gut, Sachen, die man schon gelernt hat, noch einmal zu wiederholen, bevor man Neues lernt?
a) Ja, weil einem dadurch Zusammenhänge klarer werden und man sich auch das Neue besser merken kann.
b) Nein, weil man dadurch keinen Platz mehr im Gedächtnis für das Neue hat.

7. Ist es leichter, Dinge zu lernen, für die man sich interessiert?
a) Nein, das lenkt nur ab.
b) Ja, das hilft beim Lernen.

8. Ist es sinnvoll, Lernstrategien und Lerntricks zu lernen?
a) Ja, weil man dadurch langfristig besser lernen kann.
b) Nein, die Zeit sollte man eher dazu verwenden, neuen Lernstoff zu lernen.

9. Stell dir vor, du musst viele neue Vokabeln lernen und hast die unten beschriebenen Strategien zur Auswahl. Mithilfe welcher Strategie behält man wahrscheinlich am meisten, mit welcher am wenigsten? Ordne die Strategien nach ihrer Wirksamkeit.
a) Eine Spalte zuhalten, die erste Vokabel leise lernen und anschließend überprüfen. Das Ganze so lange wiederholen, bis man das Wort kann. Dann mit dem nächsten Wort weitermachen.
b) Eine Spalte zuhalten, die Vokabeln von oben nach unten durchgehen und jeweils anschließend überprüfen (wenn man eine Vokabel nach dem ersten Durchgang noch nicht kann, ist das nicht schlimm). Alle Vokabeln immer wieder von oben nach unten wiederholen, bis man alle kann.
c) Wie a), nur, dass man die Vokabeln laut vorliest.
d) Wie b), nur, dass man die Vokabeln laut vorliest.
e) Man erfindet eine Geschichte, in der alle Vokabeln vorkommen.
f) Man überlegt sich zu jeder Vokabel ein Bild, das die Bedeutung und den Klang oder das Schriftbild des fremden Wortes verbindet (z. B. engl. *boot* = Stiefel: Man stellt sich Leute vor, die in einem Stiefel Boot fahren).

Die Lösung findest du im Anhang.

Wie viele Punkte hast du insgesamt erreicht? ____________

Wenn du das Buch durchgearbeitet hast, kannst du das Quiz noch einmal lösen und so überprüfen, was du alles über dein Gedächtnis gelernt hast.

1. Warum Zuhören allein oft nicht ausreicht

Die Art und Weise, wie man sich bestimmte Inhalte merkt, ist alles andere als egal; deshalb muss man sein Gedächtnis kennenlernen und in Erfahrung bringen, welcher Weg für einen selbst am besten geeignet ist.
Zudem gilt: Je schwieriger der Stoff ist, desto wichtiger wird es, ihn gleichzeitig über verschiedene Sinne zu lernen – also ihn zu lesen, in einem Bild darzustellen, laut vor sich hin zu sprechen und nach Möglichkeit anzuwenden. Eine weitere Möglichkeit ist, Zusammenhänge in einer Art „Gedächtnislandkarte" darzustellen.

Hören, sehen, machen ...

Manche Leute merken sich neue Dinge besonders gut, wenn sie etwas darüber hören, andere kommen mit Bildern besser zurecht. Wieder andere wollen sie erst einmal selbst ausprobieren. Mit dem folgenden Test kannst du überprüfen, welche Variante dir am besten liegt.

(2) Kreuze bei den folgenden Fragen immer die Antwort an, die am ehesten auf dich zutrifft.

1. Stell dir vor, du bist neu in einer Stadt und suchst das Freibad. Wie kannst du dir für die Zukunft am besten merken, wo es ist?

   - Wenn mir jemand den Weg beschreibt. 
   - Wenn mir jemand auf einem Stadtplan den Weg zeigt. 
   - Wenn ich auf gut Glück drauflosgehe und irgendwann selbst hingefunden habe. 

2. Was machst du in deiner Freizeit besonders gern?

   basteln  / Musik oder Hörspiele hören  / lesen 

3. Warst du schon einmal am Meer? Wenn ja, dann mache jetzt deine Augen zu und versuche dich daran zu erinnern. Woran denkst du als Erstes?
   - Wie sich die Sonne im Wasser spiegelt und wie sich die Wellen schäumend am Ufer brechen. 
   - Wie sich das Rauschen der Wellen anhört und wie die Möwen kreischen. 
   - Wie sich der Sand unter den Füßen anfühlt und wie erfrischend das Wasser ist. 

4. Deine Eltern haben einen neuen DVD-Player gekauft, wissen aber nicht, wie er funktioniert. Wie gehst du vor?
   - Ich rufe jemanden an, der dasselbe Gerät hat, und lasse es mir über das Telefon erklären. 
   - Ich lese die Gebrauchsanweisung und befolge sie Schritt für Schritt. 
   - Ich probiere erst mal, ob ich es nicht auch so herauskriege. 

5. Denk mal an jemanden, den du besonders gern hast (deine Oma, einen Freund / eine Freundin, deine Eltern ...)! Was fällt dir als Erstes ein?
   - Wie sich die Person anfühlt, wenn ich ihr die Hand gebe oder sie umarme. 
   - Wie die Stimme der Person klingt oder wie sie lacht. 
   - Wie die Person aussieht oder wie sie sich bewegt. 

Zähle nun die angekreuzten Symbole zusammen! Welches Symbol hast du am häufigsten gewählt? Der Lösungsteil gibt dir Auskunft darüber, welcher Merktyp du bist.

Nun, da du deine Stärken kennst, solltest du sie auch nutzen, um dir Lerninhalte besser einprägen zu können. Du musst ein Gedicht auswendig lernen?

Wenn du dir Dinge besonders gut merken kannst, die du siehst, dann ist es eine gute Idee, das Gedicht möglichst oft durchzulesen, um dir die Wörter einzuprägen. Versuche auch, dir vorzustellen, was in dem Gedicht passiert. Was du vor deinem „inneren Auge“ siehst, kannst du dir besser merken.

Als Hör-Typ kannst du das Gedicht zum Beispiel mit einem Kassettenrekorder, einem Diktiergerät oder dem Computer aufnehmen und es dir so oft wie möglich anhören. Du kannst es auch laut lesen (oder es dir von jemandem vorlesen lassen). Achte dabei auf den Klang der Wörter, auf die Reime und die Betonung.

Als „Macher“ kannst du das Auswendiglernen dadurch unterstützen, dass du im Takt des Gedichts im Zimmer auf und ab läufst oder bei jeder Betonung in die Hände klatschst. Probier bei Übung 3 doch gleich einmal aus, welche Variante auf dich zutrifft.

3 **Versuche dir das folgende Gedicht möglichst schnell einzuprägen und überlege, was bei der Betonung in der ersten Zeile auffällig ist.**

Die Ameisen *(von Joachim Ringelnatz)*
In Hamburg lebten zwei Ameisen,
Die wollten nach Australien reisen.
Bei Altona auf der Chaussee
Da taten ihnen die Beine weh,
Und da verzichteten sie weise
Dann auf den letzten Teil der Reise.

(*Altona* ist ein Vorort von Hamburg – besonders weit sind die beiden also nicht gekommen!)

Da du in der Schule oft Sachen behalten musst, die du beispielsweise in einem Buch oder auf einem Arbeitsblatt vor dir hast, ist es besonders wichtig, dass du dein „Sehgedächtnis“ (= visuelles Gedächtnis) trainierst. Dabei können dir die nächsten beiden Übungen helfen.

4

Schau dir die folgende Figur so lange an, bis du genau zu wissen glaubst, wie sie aussieht. Decke dann die Buchseite ab und versuche, die Figur so gut du kannst in allen Einzelheiten aus dem Gedächtnis nachzuzeichnen. Wie viele Versuche benötigst du für eine fehlerlose Zeichnung? Am besten, du machst den Test noch einmal, nachdem du das ganze Buch durchgearbeitet hast. Du wirst merken, dass du dann genauer hinsiehst und viel weniger Versuche brauchst.

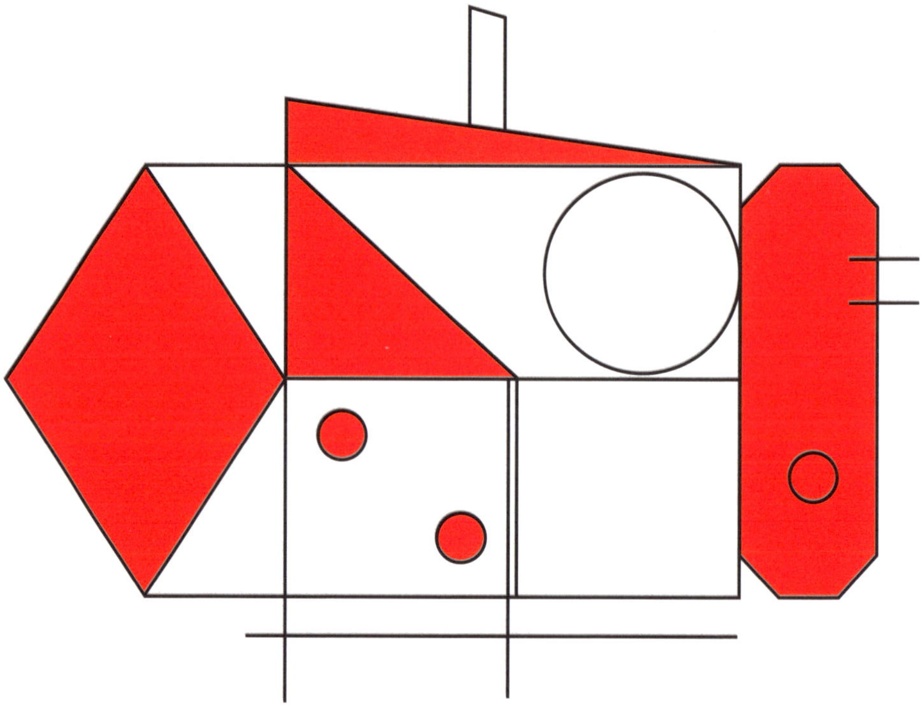

Die nächste Übung machst du am besten mit einem Partner zusammen – dann macht es auch mehr Spaß und ihr lernt beide etwas! Auf der nächsten Seite findest du eine ganze Menge verschiedener Bilder. Du kopierst die Seite und bastelst ein Kartenspiel: Kopiere die Seite am besten vergrößert auf ein Stück Karton (zum Beispiel in einem Kopierladen). Du kannst sie auch zuerst auf Papier kopieren und dann auf einen Karton aufkleben. Anschließend schneidest du die Karten entlang der Linien aus und mischst sie gut durch.

5

Das Spiel geht so: Einer von euch spielt den Dieb, der andere den Detektiv. Der Detektiv nimmt den Kartenstapel und schaut sich die Karten alle gut an. Dann dreht er sich kurz um. In der Zwischenzeit klaut der Dieb 5 Karten. Der Detektiv schaut nun den Stapel noch einmal durch und muss sich erinnern, welche Karten fehlen. Der Detektiv gewinnt die Karten, die er sich gemerkt hat, die übrigen „geklauten“ Karten darf der Dieb behalten. Dann tauscht ihr die Rollen, bis alle Karten weg sind. Wer am Schluss die meisten Karten besitzt, hat gewonnen!

TIPP

Damit du die Karten nicht verlierst, kannst du einen Briefumschlag in den inneren Einband dieses Buches kleben und sie darin aufbewahren. Du brauchst sie außerdem noch für eine Aufgabe, die später drankommt!

10 €
50 €

… oder doch alle Sinne gemeinsam nutzen

Du kennst ähnliche Situationen bestimmt: Dein Biolehrer sitzt vorne am Pult. Er berichtet die ganze Stunde über die Eigenschaften von Wirbeltieren. Die erste Viertelstunde versuchst du noch, ihm zuzuhören, aber schon bald schweifen deine Gedanken ab: Du schaust aus dem Fenster, malst auf deinem Heft und wartest irgendwann nur noch auf das Klingeln der Schulglocke. Ganz anders ist das bei deiner Chemielehrerin: Sie erzählt nicht nur davon, wie sich Säure und Lauge unterschiedlich verfärben, wenn man eine Indikatorflüssigkeit dazugibt, sondern zeigt euch das ganz praktisch im Reagenzglas und verdeutlicht an der Tafel, was da genau passiert. Manchmal schaut ihr euch auch einen Film zum Thema an, und hin und wieder dürft ihr selbst die Chemikalien mischen und sehen, wie sie reagieren.

6 **Was meinst du, nach welcher Stunde du mehr behalten hast? Warum mag das wohl so sein? Welches Fach macht dir vermutlich mehr Spaß?**

____

____

____

Vor allem, wenn man sich schwierige Dinge merken muss, ist es hilfreich, möglichst viele Sinne zu nutzen. Du kannst dir das ungefähr wie das Füllen eines Planschbeckens im Garten vorstellen: Mit nur einem Gartenschlauch wird es zwar auch voll – schneller geht es aber, wenn deine Freunde aus der Nachbarschaft auch noch jeweils einen Schlauch holen! So ähnlich ist es auch, wenn du dir Sachen merken musst. Um bei dem Beispiel mit dem Gedicht zu bleiben: Wenn dir das Auswendiglernen schwer fällt und du das Gedicht nur durchliest, kannst du es irgendwann wahrscheinlich auch – vorausgesetzt, du liest es oft genug. Das kann aber ziemlich lange dauern! Bei Aufgaben, die dir nicht so leichtfallen, ist es daher besser, mehrere Lernmethoden zusammen zu verwenden. Um das Gedicht zu lernen, kannst du also im Zimmer auf und ab gehen, dir das Gedicht dabei laut vorlesen und versuchen, dir die Wörter anzuschauen und zu merken.

TIPP

Wusstest du, dass Reime ursprünglich eine Gedächtnisstütze waren? Im Mittelalter gab es Leute, die durch das Land zogen und ihr Geld damit verdienten, dass sie anderen Leuten Geschichten erzählten oder vorsangen. Klar, dass sie sich eine ganze Menge merken mussten! Um die vielen Geschichten besser zu behalten, trugen sie sie in Reimform vor. Sobald sie eine Zeile aufgesagt hatten, konnten sie sich dank des Reims besser erinnern, was in der nächsten Zeile vorkam.

Eine Landkarte für dein Gedächtnis

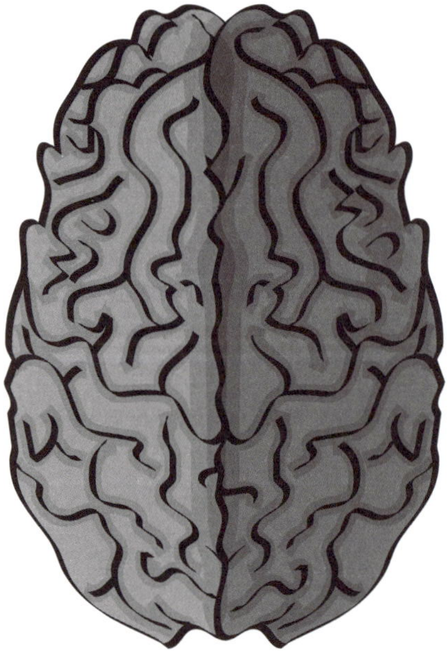

Weißt du, wie dein Gehirn aussieht? Wenn man es von oben betrachtet, erinnert es an eine halbe Walnuss. Grob gesehen ist es in zwei Hälften gegliedert. Jede Hälfte hat ihre spezielle Arbeitsweise: Der linke Teil geht zum Beispiel eher logisch vor, wenn er neues Wissen verarbeiten muss. Hier liegen vor allem die Gebiete des Gehirns, die für die Sprache zuständig sind. Der rechte Teil dagegen verarbeitet die Informationen eher kreativ, ganzheitlich und bildlich. Auch Gefühle spielen hierbei eine Rolle. Beide Hälften haben also ihre ganz eigenen Stärken – und beide sind wichtig, wenn man sich neue Inhalte möglichst gut merken will!

Sicher hast du selbst schon öfter die Erfahrung gemacht, dass es nicht immer einfach ist, sich alles zu merken, was in einem Text steht. Beim Lesen kommen dir viele Ideen, Bilder und Gefühle in den Kopf, die oft regelrecht ineinanderfließen. Im Text sind alle Informationen ordentlich aneinandergereiht. Das Gedächtnis versucht aber beides zu speichern – die Fakten aus dem Text und die „inneren Bilder", die durch diesen ausgelöst werden. Das Gedächtnis hat also seine eigene Ordnung! Du kannst es dir wie ein Netz vorstellen, in dem die verschiedensten Dinge kreuz und quer miteinander verbunden sind.

Diese Tatsache kannst du ausnutzen, indem du versuchst, dir aufzumalen, was im Text steht. Versuche herauszufinden, wie die einzelnen Inhalte zusammenhängen und was dir sonst noch dazu in den Sinn kommt. So baust du ganz konkret das neue Wissen in dein Gedächtnis ein. Im Englischen wird das dabei entstehende Gemälde „Mind-Map" genannt, was man mit „Landkarte des Gedächtnisses" übersetzen kann. Auf diese Weise bringst du die beiden Gehirnhälften dazu, zusammenzuarbeiten: Einerseits liest du den Text (logisch-analytisch = linke Hälfte), andererseits versuchst du, das „große Ganze" aufzumalen (kreativ-ganzheitlich = rechte Hälfte).

REGEL

Lies dir den Text, den du bearbeiten willst, zunächst einmal komplett durch. Nimm dir dann ein Blatt Papier – am besten ohne Linien – und lege es quer vor dich auf den Tisch oder auf den Fußboden.

Zunächst einmal musst du herausfinden, worum es in deinem Text eigentlich geht: Was ist der wichtigste Gedanke? Dabei kann dir oft schon die Überschrift helfen. Nehmen wir ein Beispiel aus der Biologie: *Die Bienen*. Diesen übergreifenden und daher zentralen Gedanken schreibst du nun in die Mitte des Blattes und umrandest ihn. Als nächstes überlegst du, welche anderen Begriffe damit zusammenhängen. Wenn in einem Text steht, wie Bienen aussehen, wie sie sich entwickeln, wo sie leben und wie sie sich verhalten, kannst du diese Gedanken um den Begriff in der Mitte gruppieren: Aussehen, Entwicklung, Lebensraum und Verhalten.

TIPP

Meistens ist es so, dass jeweils ein Absatz des Textes einen bestimmten Gedanken behandelt, achte einmal darauf!

Rahme nun die Begriffe, die du um den Hauptgedanken herum gruppiert hast, ein und verbinde den Begriff im Zentrum mit den Unterbegriffen. Im Anschluss daran überlegst du weiter, welche Zusammenhänge du zu den einzelnen Unterbegriffen herstellen kannst. Bei „Lebensraum“ kannst du beispielsweise zwischen Wildbienen und Honigbienen unterscheiden: Die Wildbienen leben in der Natur, die Honigbienen in Bienenstöcken. Du kannst dich auch fragen, warum Bienen in Bienenstöcken gezüchtet werden: weil sie Honig und Bienenwachs produzieren. Bienenzüchter nennt man auch „Imker“.

TIPP

Überlege bei jedem Begriff auf deiner Gedächtnislandkarte, was dir dazu einfällt und ordne deine Gedanken entsprechend den Begriffen zu. Dabei musst du dich nicht darauf beschränken, was in deinem Text steht! Es ist sogar gut, wenn du weitere Zusammenhänge, die du bereits kennst, in deine Gedächtnislandkarte einbaust. So kannst du neues und altes Wissen geschickt miteinander verknüpfen.

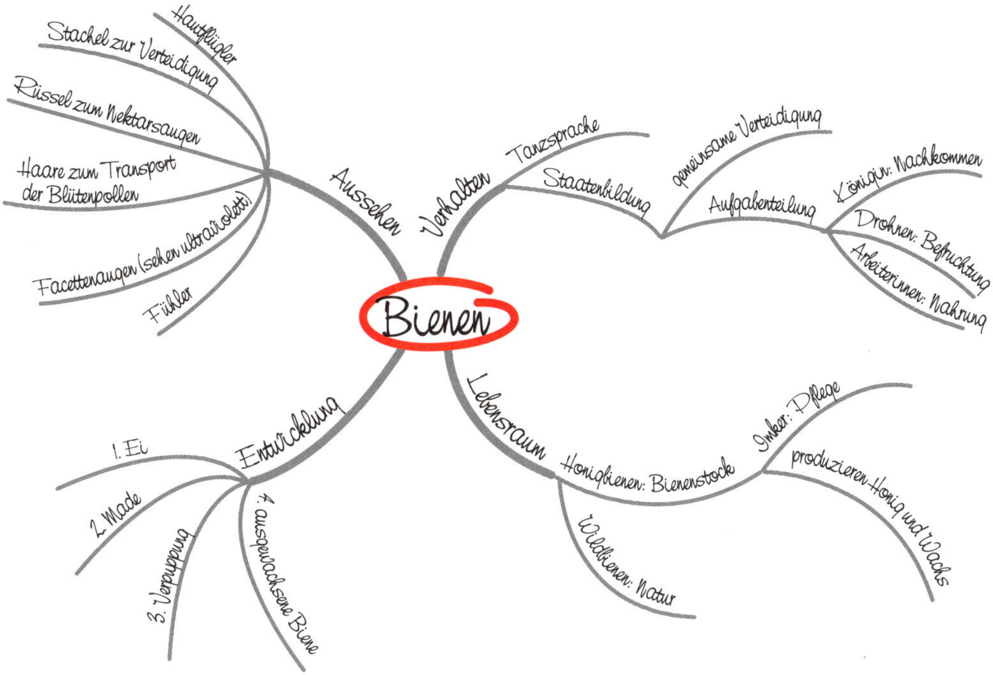

Checkliste – So entsteht eine Gedächtnislandkarte

Entwurf:

1. Was ist der wichtigste Gedanke? Ich schreibe diesen in die Mitte des Blattes und orientiere mich dabei an der Überschrift des Textes!
2. Welche anderen Gedanken hängen damit zusammen? Ich ordne diese um den Begriff in der Mitte an und verbinde sie mit diesem! Ich orientiere mich an den einzelnen Abschnitten des Textes!
3. Was hängt damit zusammen? Ich ordne diese Ideen um die jeweiligen Unterpunkte an! Ich orientiere mich an dem, was in den einzelnen Abschnitten steht, und bringe auch mein eigenes Wissen mit ein!

Ausgestaltung:

1. Ich schaue mir meinen Entwurf noch mal an und prüfe, ob ich mir die Dinge gut merken kann und ob die Landkarte logisch aufgebaut ist.

2. Ich male den Entwurf ordentlich auf ein neues Blatt und verwende dafür Farben und Bilder.
3. Ich hänge meine Karte irgendwo auf, wo ich sie immer gut im Blick habe (z. B. über meinen Schreibtisch)!

7 **Gestalte nun auf einem großen Blatt deine eigene Mind-Map nach dem unten stehenden Text und präge dir alles gut ein, sodass du deinen Eltern, Geschwistern oder Freunden davon erzählen kannst.**

Menschen im Hochmittelalter

Das Hochmittelalter ist das Zeitalter der Burgen und Ritter. Letztere stellten jedoch nur einen kleinen Teil der Bevölkerung: Die größte der insgesamt drei gesellschaftlichen Schichten („Stände“ genannt) stellten nämlich die Bauern. Die anderen Stände waren der Adel (Edelleute) und der Klerus (Geistliche). Der König herrschte über alle Stände.

Die Bauern waren ihrem sogenannten „Lehnsherrn“ (verwandt mit dem Wort „leihen“) untertan. Ein Lehnsherr konnte entweder dem Adel oder dem Klerus entstammen: Er stellte den Bauern sein Land zur Verfügung, lieh es ihnen also, damit sie dort Vieh halten oder Landwirtschaft betreiben konnten. Dafür mussten die Bauern ein Zehntel ihrer Ernte (den sogenannten „Zehnten“) an ihren Lehnsherrn zahlen und für diesen in den Krieg ziehen.

Als Ritter bezeichnet man streng genommen nur diejenigen Adligen, die dem König direkt dienten – oft in kriegerischen Auseinandersetzungen. Im Gegensatz zu den Bauern hatten sie die Erlaubnis, Waffen zu tragen. Der Kriegsdienst war jedoch teuer, und nur ein kleiner Teil der Adligen konnte es sich leisten, Ritter zu werden.

Die Kirche hatte im Mittelalter einen starken Einfluss. Dies kann man etwa daran sehen, dass viele Ritter mit ihren Gefolgsleuten an den Kreuzzügen teilnahmen.

Ein Kreuzzug war eine Mischung aus Pilgerfahrt und Kriegszug. Der Papst hatte damals dazu aufgerufen, die Heilige Stadt Jerusalem zu erobern, die von den Muslimen beherrscht wurde. Oft kam es dabei zu blutigen Schlachten, bei denen viele Menschen ums Leben kamen.

2. Warum du ähnliche Inhalte nicht gut hintereinander lernen kannst

Was zu ähnlich ist, wirft man schnell durcheinander – das ist besonders dann ein Problem, wenn man an einem Nachmittag viele gleichartige Sachen lernen muss. In diesem Kapitel erfährst du, wie du Lernaufgaben so planst, dass du möglichst wenig verwechselst. Außerdem gibt es einiges an Merktricks und Übungen, die du auch zusammen mit deinen Freunden machen kannst, dann ist Lernen alles andere als langweilig.

Das Zwillingsproblem

Kennst du jemanden, der ein Zwilling ist? Oder bist du vielleicht sogar selbst einer? Wenn ja, dann kennst du bestimmt das Problem, dass andere Leute Zwillinge oft verwechseln – vor allem, wenn sie auch noch das Gleiche anhaben. Je ähnlicher sich Zwillinge sind, desto schwerer kann man behalten, wer von beiden wer ist.

Genauso ist es, wenn du viele ähnliche Lernaufgaben hintereinander erledigen musst. Nach einer gewissen Zeit weißt du nicht mehr genau, was du den ganzen Nachmittag eigentlich gemacht hast. Und langweilig ist es außerdem!

Hast du schon mal deiner Oma im Sommer geholfen, stundenlang Kirschen für die Marmelade zu entsteinen (und konntest du danach keine Kirschen mehr sehen)? So ähnlich wird es dir auch ergehen, wenn du nacheinander Englischvokabeln, Lateinvokabeln und die Problemwörter aus dem letzten Deutschdiktat lernst – du kannst nach einer Stunde keine Wörter mehr sehen! Und das

Schlimmste ist: Wenn dich nach dieser Quälerei dein großer Bruder abfragt, dann weißt du meistens nur noch die Hälfte und kommst immer wieder durcheinander. Das ist ganz schön ärgerlich!

Der Trick ist also, möglichst viel Abwechslung in die Reihenfolge der Aufgaben zu bringen. Dafür solltest du dir zuerst einmal einen Überblick darüber verschaffen, was du eigentlich genau an einem Nachmittag in den verschiedenen Fächern machen musst.

REGEL

Die allererste Aufgabe an einem langen Lernnachmittag ist es, diesen möglichst abwechslungsreich zu planen.

8 **Was hast du heute alles auf? Schreibe in die linke Spalte das Fach und daneben, was du dafür machen musst!**

Beispiel:

Deutsch	– Rechtschreibregeln auf S. 20 abschreiben – Gedicht auf S. 21 auswendig lernen
Mathe	– Aufgaben auf S. 38 rechnen

Deutsch	
Englisch	
Mathe	
...	

Überlege dann, welche Aufgaben ähnlich sind: Welche haben mit Sprache zu tun (Lesen, Schreiben, Auswendiglernen ...)? Welche eher mit Zahlen, logischem Denken und Rechnen? Wobei kannst du kreativ sein (Malen, Handarbeit, Werken ...)?

9 **Markiere in deiner Liste aus Aufgabe 8 die unterschiedlichen Aufgabenarten mit verschiedenen Farben (z. B. grün für sprachliche Aufgaben, rot für Aufgaben, die mit Mathe zu tun haben, und blau für Aufgaben, bei denen du kreativ sein kannst).**

Wenn du dich jetzt an deine Hausaufgaben setzt, dann suche dir eine Aufgabe aus. Sobald du damit fertig bist, kannst du sie auf deiner Liste abhaken. So siehst du immer, was du schon alles geschafft hast und was du noch vor dir hast. Die nächste Aufgabe sollte dann aus einer anderen Gruppe kommen.

TIPP

Achte darauf, die verschiedenen Farben möglichst regelmäßig abzuwechseln! So wird es dir nicht langweilig und du kannst besser behalten, was du gelernt hast.

Die richtige Reihenfolge finden

Du hast nun gelernt, dass man unterschiedliche Typen von Aufgaben am besten abwechseln sollte. Wenn du deine Hausaufgaben in eine bestimmte Reihenfolge bringst, solltest du aber auch beachten, wie schwierig diese Aufgaben sind. Was man gern macht, fällt einem normalerweise leichter; mit Dingen, die einem keinen Spaß machen, kann man sich dagegen schon ziemlich herumquälen!

10 **Beobachte dich einmal selbst: Welche Arten von Schulaufgaben erledigst du gern, vor welchen graut dir regelrecht?**

Aufgaben, die ich gern erledige/die mir leichtfallen:

____

____

Aufgaben, die ich nicht so gern erledige/die mir schwerfallen:

____

____

Wenn man zu viele schwere Aufgaben hintereinander erledigt, ist man danach meistens ziemlich geschafft oder man gibt schon zwischendurch auf. Wenn man andererseits zuerst nur das macht, was einem leichtfällt, hat man danach oft keine Energie mehr, sich an die anstrengenden Aufgaben zu setzen. Der Trick heißt auch hier Abwechslung – auf eine schwere Aufgabe sollte also eine leichtere folgen. Aufgaben, die du gerne erledigst, kannst du sogar einsetzen, um dich selbst zu belohnen: Wenn du also gerne rechnest, Aufsatzschreiben aber ganz furchtbar findest, machst du die Rechenaufgaben erst dann, wenn du mit dem Aufsatz fertig bist.

Womit sollst du beginnen? Überlege einmal: Fällt es dir schwer, mit den Hausaufgaben anzufangen, aber wenn du einmal losgelegt hast, geht es eigentlich ganz gut voran? Dann solltest du dir als Erstes eine leichtere Aufgabe vornehmen. Oder hast du die aufwendigen Aufgaben am liebsten schnell vom Tisch? Dann fang mit einer schwereren Aufgabe an. Wenn du dir nicht sicher bist, probiere die verschiedenen Möglichkeiten an unterschiedlichen Tagen aus, um herauszufinden, was für dich am besten ist.

11 **Teste selbst, ob du besser mit einer einfachen oder einer komplizierten Aufgabe anfangen solltest. Trage deine Ergebnisse über eine Woche in die unten stehende Tabelle ein. Am besten kannst du vergleichen, wenn du an allen Tagen ungefähr gleich viel auf hast.**

Wochentag	**Erste Aufgabe:**	**Ich kam damit ...**
Montag	☐ leichte Aufgabe ☐ schwere Aufgabe	☐ gut zurecht ☐ mittelmäßig zurecht ☐ nicht gut zurecht
Dienstag	☐ leichte Aufgabe ☐ schwere Aufgabe	☐ gut zurecht ☐ mittelmäßig zurecht ☐ nicht gut zurecht
Mittwoch	☐ leichte Aufgabe ☐ schwere Aufgabe	☐ gut zurecht ☐ mittelmäßig zurecht ☐ nicht gut zurecht
Donnerstag	☐ leichte Aufgabe ☐ schwere Aufgabe	☐ gut zurecht ☐ mittelmäßig zurecht ☐ nicht gut zurecht
Freitag	☐ leichte Aufgabe ☐ schwere Aufgabe	☐ gut zurecht ☐ mittelmäßig zurecht ☐ nicht gut zurecht

Nun hast du schon einiges über die Reihenfolge von Aufgaben gelernt. Du findest die Regeln hier noch einmal zusammengefasst.

Checkliste – Reihenfolge der Aufgaben:

- ☐ Leichte und schwere Aufgaben wechseln einander ab!
- ☐ Ich achte darauf, dass ich nicht zu viele Aufgaben von einer Art (sprachlich, rechnerisch-logisch oder kreativ) hintereinander erledige!
- ☐ Ich habe getestet, ob es mir leichter fällt, mit einer schwierigen oder mit einer leichten Aufgabe zu beginnen.

Wenn du dich an diese Regeln bei der täglichen Planung deiner Hausaufgaben hältst, fallen sie dir sicherlich schon um einiges leichter. Und außerdem kannst du so auch besser behalten, was du alles gemacht hast, weil du die Aufgaben nicht so leicht verwechselst!

TIPP

Nicht zuletzt solltest du darauf achten, hin und wieder kurze Pausen einzulegen, nachdem du längere Zeit am Stück gearbeitet hast – vor allem dann, wenn du eine schwere Aufgabe erledigt hast. Du kannst beispielsweise das Fenster öffnen und ein paar Mal tief durchatmen, ein bisschen im Zimmer auf und ab gehen, dich genüsslich räkeln oder etwas trinken.

Auf der nächsten Seite findest du ein Beispiel für einen Hausaufgabenplan. So oder so ähnlich kann auch dein eigener Plan aussehen, den du in einer Art „Hausaufgaben-Tagebuch“ (z. B. ein leeres kariertes Schulheft) einträgst. Dort kannst du auch festhalten, wenn dein Plan einmal nicht so gut gelungen ist, damit du weißt, was du am nächsten Tag besser machen kannst, – aber auch, wenn du mit dem Plan zufrieden warst!

Hausaufgabenplan

Datum: Montag, 08.01.2007; **angefangen um:** 14:05 Uhr; **fertig um:** 15:40 Uhr.
Ich habe angefangen mit einer leichten ☑ einer schweren ☐ Aufgabe.

Fach	Aufgabe	Aufgabenart	leicht	schwer	erledigt
1. Mathe	20 Aufgaben Bruchrechnen	mathematisch-logisch	✔		✔
2. Deutsch	Aufsatz schreiben	sprachlich		✔	✔
5 Minuten Pause nach dem Hauptteil					
	Aufsatz fertigschreiben	sprachlich		✔	✔
3. Physik	Aufgabe auf S. 13 lösen	mathematisch-logisch	✔		✔
4. Erdkunde	Europakarte zeichnen und Hauptstädte lernen	sprachlich		✔	✔
5. Kunst	am Fensterbild weiterarbeiten	kreativ	✔		✔
10 Minuten Pause					
6. Erdkunde	Europäische Hauptstädte wiederholen	sprachlich		✔	✔

Hausaufgabenplan (Fortsetzung)
Ich bin mit meiner Hausaufgabenplanung heute insgesamt
☑ zufrieden ☐ nicht so zufrieden.
Verbesserungsideen: Nach dem Karten-Zeichnen war ich ein bisschen müde, beim nächsten Mal kurze Zusatzpause!

Tipps und Tricks zum schnelleren Merken

Je nachdem, was du dir merken musst, kannst du unterschiedliche Gedächtnistricks verwenden. Einige davon wirst du auf den folgenden Seiten kennenlernen.

12 **Überlege einmal, was du dir in der Schule so alles merken musst (am besten gehst du dabei nach Fächern geordnet vor, damit du nichts vergisst). Das können Jahreszahlen sein, Gedichte oder Regeln.**

____

____

____

____

Das ist eine ganze Menge, oder? Am besten ordnest du die Begriffe gleich nach „Merkgebieten".

a) Gedichte
Zum **Lernen von Gedichten** hast du ja schon einiges gelesen. Kannst du dich noch erinnern? Zum einen helfen einem die Reime, wenn man ein Gedicht behalten möchte. Weitere Tricks musst du ausprobieren, um feststellen zu kön-

nen, welche dir am besten liegen: Du kannst dir das Gedicht vorlesen und dabei im Zimmer auf und ab gehen. Und wenn du es länger im Gedächtnis behalten möchtest, solltest du es natürlich auch hin und wieder aufsagen, um es nicht zu vergessen.

b) Listen mit Gegenständen erstellen

Manchmal muss man einfach eine Reihe von **Dingen behalten**, die eigentlich **wenig miteinander zu tun haben**. Das ist z. B. der Fall, wenn du deine Schultasche für den nächsten Tag packst und überlegst, was du speziell für den nächsten Tag mitbringen sollst. Sich jede Sache einzeln zu merken ist schwierig. Leichter wird es, wenn du versuchst, die verschiedenen Gegenstände miteinander zu verbinden!

Wenn man solche Verbindungen knüpft, um Dinge besser zu behalten, nennt man das in der Fachsprache auch **„Assoziationstechnik"**.

Das lateinische Wort „socius" heißt übersetzt „Partner". – Du schließt also bei der Assoziationstechnik eine Art „Partnerschaft" zwischen verschiedenen Dingen. Dieser Trick gehört zu den leichteren Merktechniken und du kannst ihn in vielen Zusammenhängen anwenden.

Einige Strategien, die du später noch lernen wirst, bauen darauf auf. Deshalb ist es prima, wenn du das Assoziieren schon mal übst.

REGEL

Die **Assoziationstechnik** kann man in vielen verschiedenen Bereichen anwenden, um Sachen besser zu behalten. Du gehst dabei folgendermaßen vor:

1. Stell dir möglichst genau vor, was du dir merken musst. Du solltest auch Einzelheiten exakt vor deinem inneren Auge „sehen“ können.
2. Verbinde die verschiedenen Dinge, die du dir merken musst, zu einem Bild oder einer kurzen Geschichte.

TIPP

1. Die erste Idee, die dir in den Sinn kommt, ist meistens am besten geeignet, um eine Verbindung zwischen den Gegenständen zu schaffen, die du dir merken musst. – Der Grund dafür ist, dass das Erste, das dir beim Speichern einfällt, meist auch das Erste ist, an das du dich beim Abrufen erinnerst.
2. Dein Bild oder deine Geschichte sollte möglichst viele Gefühle in dir wachrufen.
3. Egal, wie unsinnig oder albern sich deine Geschichte vielleicht anhört – alles ist erlaubt, was dir dabei hilft, Dinge besser zu behalten (denn darum geht es ja schließlich)!

Beispiel:

Diesen Trick kannst du im Alltag prima üben, wenn du beispielsweise für deine Eltern einkaufen gehst. Was würdest du machen, wenn du Äpfel, Kekse, Joghurt und eine Zahnbürste besorgen sollst? Du könntest dir zum Beispiel vorstellen, wie die netten Äpfel nichts ahnend durch die Gegend hüpfen, dabei aber von einer heimtückischen Keksrolle überfallen werden.

Das haben sich die bösen Kekse aber schlecht ausgedacht – denn schon kommt Joghurt, der Freund der Äpfel, und überschwemmt die Kekse, sodass diese ganz matschig werden. Nun kommst du dazu, tauchst eine Zahnbürste in den Brei und putzt dir damit die Zähne. Iiih! Eine ziemlich eklige Vorstellung – und das ist auch gut so, denn mit diesem Gefühl wirst du bestimmt keine der 4 Sachen vergessen!

13 **Denk dir eine verrückte Geschichte aus, in der die folgenden Begriffe vorkommen: Käse, Backpapier, Kerze, Streichhölzer, Waschpulver und Pizza.**

____

____

____

____

____

c) Jahreszahlen

Sie begegnen dir vor allem im Fach Geschichte. Besonders gut kann man sie sich über sogenannte „Eselsbrücken" merken. Wie das genau funktioniert, erfährst du im nächsten Kapitel. Aber es gibt ja auch noch andere Ziffern, die man sich merken muss. Vielleicht hast du ein Zahlenschloss für dein Fahrrad? Die Kombination solltest du dir auf jeden Fall merken! Oder du musst dir eine Telefonnummer oder eine Postleitzahl merken, hast aber gerade nichts zum Schreiben dabei? Dazu gibt es einen prima Trick, den du alleine oder auch mit Freunden üben kannst. Er ist nicht ganz einfach, aber mit mehreren Leuten zusammen macht es sogar Spaß (und wenn man die Technik erst einmal eingeübt hat, klappt es auch richtig gut):

Ihr nehmt erst einmal die Zahlen von 0 bis 9 (größere Zahlen braucht ihr nicht, da man ja aus diesen Ziffern jede andere Zahl zusammensetzen kann). Überlegt euch dann zu jeder Zahl einen Laut, der darin vorkommt. Bei der 1 kann das beispielsweise ein „ei" sein, bei der 2 ein „z" und so weiter. Es müssen nicht unbedingt die Anfangslaute sein – ihr könnt auch einen Laut wählen, der mitten in der Zahl vorkommt, etwa ein „b" für die Sieben. Dieser Laut wird dann euer „Geheimcode" für die Zahl.

14 **Ordne jeder Zahl einen Laut zu, der in dem entsprechenden Zahlwort vorkommt. Achte darauf, dass du jeden Laut nur einmal vergibst, damit die Zuordnung eindeutig ist: also nicht für eine Zahl ein „v" und für eine andere ein „f" vergeben, da sich die beiden Laute ähnlich anhören, sodass man sie leicht verwechseln kann!**

0 ______________________ 5 ______________________

1 ______________________ 6 ______________________

2 ______________________ 7 ______________________

3 ______________________ 8 ______________________

4 ______________________ 9 ______________________

Wenn man sich nun eine Zahlenfolge merken will, nimmt man die zugeordneten Laute und überlegt sich Wörter, die mit dem jeweiligen Laut anfangen. Daraus macht man dann einen Satz. Achtung: Die Reihenfolge darf dabei nicht verändert werden, sonst musst du am Ende laufen, weil du dein Fahrrad nicht vom Ständer losketten kannst. Wahrscheinlich denkst du nun, dass das noch ziemlich kompliziert klingt. Deshalb gehen wir das Ganze noch einmal an einem Beispiel durch, danach ist dir sicher klar, wie der Trick genau funktioniert.

Beispiel:
Stell dir vor, ihr bekommt mitten im Schuljahr eine neue Mitschülerin und du verstehst dich auf Anhieb so gut mit ihr, dass ihr euch nachmittags zum Basketball treffen wollt. Sie gibt dir auf dem Nachhauseweg ihre Telefonnummer (44692). Du bist aber zu faul, Stift und Zettel aus deinem Ranzen zu holen. Mit diesem Trick kannst du sie dir trotzdem merken:

Erster Schritt: Laute zuordnen. Die 4 bekommt ein „v“ zugeordnet, die 6 ein „s“, die 9 ein „eu“ und die 2 ein „z“.

Zweiter Schritt: Suche nun Wörter, die mit diesen Lauten anfangen, und bilde daraus einen Satz in der Reihenfolge, in der du dir die Zahlen merken möchtest. Du kannst auch ruhig einen Satz bauen, der gar keinen Sinn ergibt, denn solche Sätze kann man sich ja bekanntlich am besten merken! In unserem Beispiel könnte dieser etwa folgendermaßen lauten: „**V**iele **V**ögel **s**chlürfen **eu**re **Z**itronenlimonade” – wie gesagt, Unsinn ist erlaubt!

Dritter Schritt: Am besten kannst du dir den Satz merken, wenn du dir die Situation wieder bildlich vorstellst, und zwar so genau und detailreich wie möglich. Stell dir also beispielsweise vor, wie du mit deinen Freunden im Garten Zitronenlimonade trinkst und plötzlich ein ganzer Schwarm Vögel kommt und die Limo einfach vor eurer Nase wegschlürft. Dann kommt auch noch euer Nachbar, schaut über den Gartenzaun und ruft ganz überrascht: „Viele Vögel schlürfen eure Zitronenlimonade!“

Vierter Schritt: Wenn du die neue Mitschülerin nachmittags anrufen willst, „übersetzt“ du den Satz wieder zurück in die Zahlenfolge, und eurem Treffen steht nichts mehr im Wege.

Alles verstanden? Prima! Dann kannst du den Trick nun mit Freunden üben: Zuerst einigt ihr euch auf euren Code – die Zuordnung zwischen Zahl und Laut. Einer von euch denkt sich anschließend eine Zahlenfolge aus und bildet daraus einen Satz (bei langen Reihen auch zwei oder mehr Sätze), den er euch sagt. Ihr müsst dann die ursprüngliche Zahlenfolge herausfinden.

15 **Bilde Sätze zu den folgenden Zahlenreihen! Verwende immer denselben „Code“, den du zu Beginn der Übung selbstständig erstellt hast!**

59896 ____

13587 ____

06773 ____

56642 ____

78639 ____

91742256 ____

TIPP

Das Praktische an diesem Trick ist, dass du den Code, den du einmal erstellt hast, immer weiter verwenden kannst. Du sparst dir also eine ganze Menge Arbeit, und wenn du die Technik übst, kennst du deinen Code schon bald „in- und auswendig“!

d) Vokabeln

Sicher lernst du in der Schule bereits eine oder zwei Fremdsprachen – dann kennst du auch die spezielle Schwierigkeit beim Vokabellernen: Manche Wörter hören sich so ähnlich an wie Wörter aus deiner Muttersprache, haben aber eine völlig andere Bedeutung – und schon kommt man durcheinander. Aber ob du's glaubst oder nicht: Genau diese Tatsache kannst du ausnutzen, um dir Vokabeln besser zu merken! Das funktioniert, indem du dir zunächst das fremdsprachliche Wort vornimmst und dir 3 Fragen dazu stellst:

1. Was bedeutet die Vokabel?
2. Gibt es in meiner Muttersprache ein Wort, das sich so ähnlich anhört wie das fremde Wort?
3. Wie kann ich die Bedeutung der Vokabel mit ihrem Klang verbinden?

Wenn es in deiner Muttersprache ein Wort gibt, das ähnlich klingt und auch noch dasselbe bedeutet, ist die Sache natürlich einfach – das englische Wort „house“ zum Beispiel heißt auf Deutsch „Haus“ und wird auch so ausgesprochen. Doch wie um alles in der Welt soll man sich ein Wort wie „bicycle“ merken, das mit dem deutschen „Fahrrad“ auf den ersten Blick überhaupt nichts gemeinsam hat. Auch gibt es im Deutschen kein ähnlich klingendes Wort, das eine andere Bedeutung besitzt.
Für solche Fälle gibt es einen speziellen Trick, der dich wahrscheinlich an die Assoziationstechnik erinnert: Wo keine Gemeinsamkeiten bestehen, muss man eben selbst welche schaffen!

Beispiel: bicycle – Fahrrad

Die erste Frage haben wir schon beantwortet: „bicycle“ heißt „Fahrrad“. Ein deutsches Wort, das so ähnlich klingt, ist nicht auf Anhieb zu finden. Deshalb müssen wir uns eines basteln. „bicycle“ spricht man ungefähr so aus: „baiß-ickel“. Wenn du diesen Faden noch ein bisschen weiter spinnst, kannst du daraus einen „Beiß-Igel“ machen, also einen bissigen Igel.

TIPP

Wie schon bei dem vorhergehenden Merk-Trick sind deiner Fantasie keine Grenzen gesetzt. – Herumalbern ist also erlaubt, und außerdem macht das Lernen so auch viel mehr Spaß.

Nun gilt es noch, die beiden Bilder zu verbinden. Das ist im Grunde nicht mehr kompliziert: Stell dir einen bissigen Igel mit scharfen Zähnen vor, der auf einem Fahrrad fährt. Wenn du jetzt gefragt wirst, was „Fahrrad" auf Englisch heißt, denkst du an den Beiß-Igel, der durch die Gegend radelt, und schon wirst du dich an das Wort erinnern: „bicycle“.

TIPP

Oft muss man sich in der Schule bestimmte Fachbegriffe merken, die nicht aus dem Deutschen kommen. Im Grunde sind solche Fremdwörter aber auch nichts anderes als Vokabeln in einer anderen Sprache – und wie man sich die gut merken kann, weißt du ja nun!

e) Vorgänge und Abläufe

In Fächern wie Biologie oder Erdkunde musst du oft Dinge lernen, die **eine bestimmte Ordnung und Reihenfolge** haben. Das können beispielsweise die einzelnen Teile des menschlichen Verdauungssystems sein oder die Planeten des Sonnensystems. Die einzelnen Elemente als solche kann man sich ja vielleicht noch merken, aber irgendwie wirft man die Reihenfolge ständig durcheinander! Auch hierzu gibt es einen Merk-Trick – die „Methode der Orte“ oder „Loci-Technik“ (von lateinisch „locus“ = „Ort“ oder „Platz“).

TIPP

Die „Methode der Orte“ gehört zu den ältesten Gedächtnistechniken. Sie geht auf einen griechischen Dichter des Altertums, namens Simonides, zurück. Dieser war zu einer Feier eingeladen, um Gedichte vorzutragen. Der Gastgeber wollte ihm jedoch nicht den vereinbarten Preis zahlen, sodass Simonides die Feier vorzeitig und ziemlich verärgert verließ. Das war jedoch sein Glück: Kurz darauf stürzte das Dach des Hauses ein und begrub alle anderen Gäste unter sich – der einzige, der das Unglück überlebte, war Simonides. Als die Angehörigen der anderen Gäste ihn später fragten, wer noch alles bei der Feier gewesen war, konnte er sich an alle Gäste erinnern, indem er sich ins Gedächtnis rief, an welchem Platz jeder Einzelne von ihnen gesessen hatte.

Damit auch aus dir ein kleiner Simonides wird, stellst du dir zunächst einen Ort vor, den du wirklich sehr gut kennst – beispielsweise dein Zimmer. Du kannst aber auch einen Weg nehmen, den du oft gehst, etwa deinen Schulweg oder den Weg zum Sportplatz. Male dir nun vor deinem inneren Auge aus, wie du in deinem Zimmer herumgehst oder den bekannten Weg entlangläufst. Auf der Strecke gibt es sicherlich einige markante Punkte, die dir schon häufig aufgefallen sind. Auf dem Weg zur Schule kann das ein bunter Aufkleber am Laternenmast vor eurer Haustür sein, ein paar Schritte weiter ein besonders hoher Baum, später ein schön bemaltes Gartentor usw. Wichtig ist, dass du dir den Ort oder die Strecke wirklich mit vielen kleinen Einzelheiten vorstellst. Im Folgenden kannst du aufschreiben, welche auffälligen Punkte dir dazu einfallen. Etwa 10 bis 12 sollten es schon sein. Schreibe sie genau in der Reihenfolge auf, in der du an ihnen vorbeiläufst oder in der du normalerweise deinen Blick durchs Zimmer schweifen lässt – das ist wichtig für den nächsten Schritt!

16 **Liste im Folgenden einige markante Punkte eines Ortes oder Weges auf, den du gut kennst.**

1. ______________________
2. ______________________
3. ______________________
4. ______________________
5. ______________________
6. ______________________
7. ______________________
8. ______________________
9. ______________________
10. ______________________
11. ______________________
12. ______________________

Wenn du dir nun einen bestimmten Ablauf merken musst, gehst du folgendermaßen vor: Am ersten markanten Punkt deines Weges stellst du dir den Gegenstand oder die Handlung vor, der oder die als erstes an der Reihe ist. Nehmen wir einmal unser Sonnensystem: Merkur ist der Planet, der der Sonne am nächsten ist. Du könntest dir vorstellen, dass jemand über den bunten Aufkleber am Laternenmast vor eurer Haustür, den wir oben als Beispiel hatten, das Wort „Merkur“ gekritzelt hat. Je genauer das Bild ist, das du dir machst, desto besser wirst du es behalten. Nun gehst du in Gedanken weiter zum nächsten markanten Punkt. Der zweite Planet ist die Venus, von der du weißt, dass sie wie ein besonders heller Stern leuchtet. Da der zweite Punkt auf unserem Beispielweg ein hoher Baum war, könnte man sich einen leuchtenden Stern vorstellen, der durch die Blätter scheint. So gehst du immer weiter, und an jedem Punkt des Weges stellst du dir den jeweils nächsten Planeten vor.

17 **Hast du die markanten Punkte deines eigenen Weges oder Ortes, die du weiter oben aufgeschrieben hast, noch parat? Du kannst sie jetzt dazu verwenden, dir die Zutaten für einen leckeren Rosinenkuchen zu merken! Präge dir gut ein, was du brauchst, damit du alles noch weißt, wenn du in der Küche bist.**

Du brauchst: 500 g Mehl, 200 g Butter, 200 g Zucker, 4 Eier, ein Päckchen Backpulver, ein Päckchen Vanillezucker, 1/8 l Milch und 300 g Rosinen.
Alle Zutaten werden in der genannten Reihenfolge miteinander verknetet (die Rosinen erst untermischen, wenn der Teig schon fertig ist), in eine eingefettete Napfkuchenform gegeben und bei 200 Grad im vorgeheizten Ofen etwa 75 Minuten gebacken.
Guten Appetit!

TIPP

Auch bei dieser Technik gilt, dass du dir nur einmal überlegen musst, welche markanten Punkte an deinem Weg liegen. Danach kannst du diese Punkte immer wieder verwenden, um neue Sachen in der richtigen Reihenfolge zu lernen!

f) Musikunterricht (Eselsbrücken)
Interessanterweise gibt es gerade für das Fach Musik eine ganze Reihe von Merksprüchen – sogenannte „Eselsbrücken“ (einige weitere solcher Sprüche wirst du im Zusammenhang mit geschichtlichen Daten im nächsten Kapitel kennenlernen).

Es gibt dabei zwei Möglichkeiten, sich einzelne Noten in einer festgelegten Reihenfolge zu merken. Entweder ergeben die Notennamen an sich schon eine sinnvolle Buchstabenfolge (ein Merkwort) oder du nimmst sie als Anfangsbuchstaben für Wörter, aus denen du wiederum einen Merksatz bildest.

Beispiel 1: Du willst dir die C-Dur-Tonleiter merken, die mit den Tönen C–D–E–F–G beginnt. Wenn du nun das Alphabet vom dritten Buchstaben – dem C – an aufsagst, findest du genau diese Reihenfolge wieder!

Beispiel 2: Du willst dir beim Violinschlüssel die Abfolge der Noten auf den Linien von unten nach oben merken: E, G, H, D, F.
Merksatz: *__E__s __g__eht __h__urtig __d__urch __F__leiß* (Das heißt, wenn man fleißig ist, geht es schnell voran.).

Beispiel 3: Du willst dir die Noten in den Zwischenräumen von unten nach oben merken: F, A, C, E.
Merksatz: *__F__ritz __a__ß __C__itronen-__E__is* (Daran, dass die Zitronen mit C geschrieben werden, kannst du sehen, dass der Spruch schon ziemlich alt sein muss.).

TIPP

Die Noten auf den Linien im Bass-Schlüssel (von oben nach unten) heißen A, F, D, H und G, die Noten in den Zwischenräumen (ebenfalls von oben nach unten) G, E, C und A.

18 Überlege dir eigene Merksätze, um dir die jeweilige Notenabfolge einzuprägen.

- Notenlinien (Bass-Schlüssel, von oben nach unten):

A ____________________

F ____________________

D ____________________

H ____________________

G ____________________

____

- Zwischenräume (Bass-Schlüssel, von oben nach unten):

G ____________________

E ____________________

C ____________________

A ____________________

____

19 Überlege dir nun selbst einen Merkspruch für die folgende Regel.

Die 6 Saiten einer Gitarre (vom tiefsten zum höchsten Ton) sind auf die Töne E, A, D, G, H und E gestimmt.

____

____

3. Warum man sich interessante Inhalte besser merken kann

Was man spannend findet, kann man sich normalerweise am besten merken: Das Interesse spielt also beim Lernen eine enorme Rolle. Gleichzeitig wird häufig durch das Lernen überhaupt erst Interesse an einem bestimmten Thema geweckt, denn je mehr man über eine Sache erfährt, desto spannender wird sie. Interesse hängt also auch mit Wissen zusammen. Wenn du also auf einem bestimmten Gebiet kein Experte bist, kann dies durchaus noch kommen, vorausgesetzt, du bist offen, etwas darüber zu erfahren.

Experte ist man ...

Bestimmt gibt es ein Gebiet, das dich sehr interessiert und auf dem du dich auch gut auskennst. Weißt du zum Beispiel alles über Pferde oder über die Fußball-Bundesliga? Sammelst du etwas und kannst dazu auch einiges erzählen? Wenn du ein bisschen überlegst, fällt dir bestimmt ein Gebiet ein, über das du viel weißt und auf dem du vielleicht sogar Experte bist.

20 **Worin kennst du dich gut aus?**

____

____

____

____

Vielleicht ist dir schon mal aufgefallen, dass es dir in deinem Spezialgebiet ziemlich leicht fällt, neue Sachen zu behalten. Wenn du Fußballfan bist, weißt du montags in der großen Pause sicher noch genau, wie die verschiedenen Mannschaften am Wochenende gespielt haben, und kannst bei deinen Freunden damit auftrumpfen. Vielleicht haben deine Eltern oder Lehrer auch schon mal gemeckert, dass du die Zeit, die du in dein Hobby steckst, lieber für deine Schulaufgaben verwenden solltest! Meist macht es einem gar nichts aus, auch einige mühsame Arbeiten in sein Hobby zu investieren. Denke nur einmal an das Stall-Ausmisten, das Pferdeliebhabern überhaupt nichts ausmacht, obwohl sie sich zu Hause nicht ums Putzen reißen. Es ist eben wie mit vielen Dingen: Oft ist der Anfang das Schwerste; wenn man den aber mal hinter sich hat, kommt der Rest fast von allein.

TIPP

Vergiss nicht, wenn du einige Wochen hindurch versuchst, dich in einem ungeliebten Schulfach richtig zu engagieren und nach und nach alle Wissenslücken auffüllst, dann steigt auch automatisch dein Interesse an dessen Inhalten. Am besten fängst du gleich in der nächsten Stunde damit an.

REGEL

Besonders gut kann man sich die Dinge merken,

- wenn man sich in dem betreffenden Bereich schon ein bisschen auskennt (man kann das neue Wissen viel besser einsortieren),
- wenn man den Lernstoff spannend findet.

21 **Notiere in der folgenden Tabelle links die Schulfächer, in denen du am meisten lernen musst. In die mittlere Spalte schreibst du, wie interessant du das jeweilige Fach findest. In der rechten Spalte gibst du an, wie gut du dir die Inhalte in diesem Fach merken kannst. Wo liegen deine Stärken, wo willst du dich noch verbessern?**

(++ = sehr interessant, + = interessant, 0 = mittel, – = nicht so interessant, –– = völlig uninteressant) (++ = sehr gut, + = gut, 0 = mittel, – = ziemlich schlecht, –– = ganz schlecht)

Schulfach	Wie interessant findest du das Fach?	Wie gut kannst du dir Sachen in diesem Fach merken?

Hier liegen meine Stärken: ______________________________

Hier möchte ich mich verbessern: ______________________________

____

Welchen Zusammenhang erkennst du? ______________________________

____

... Experte kann man auch werden

Nun fragst du dich sicher, wie du es anstellst, dass du dich plötzlich für ein Fach interessierst, das du bisher so gar nicht leiden konntest. Bei vielen Schülern trifft das auf das Fach Geschichte zu. Sie sind genervt und denken: „Wofür brauche ich nur all diese Daten – so viele Zahlen und Ereignisse kann doch kaum jemand behalten! Und ist es nicht eigentlich egal, ob irgendein Vertrag vor oder nach einem Krieg geschlossen wurde? Nein, das ist eben nicht egal, sondern hier beginnt Geschichte interessant zu werden – allerdings nur dann, wenn du versuchst die Hintergründe der verschiedenen Ereignisse zu erkennen und dich fragst, wie sie zusammenhängen! Denn gerade in Geschichte bauen die Ereignisse oft aufeinander auf (ähnlich, wie das bei einer spannenden Erzählung der Fall ist), man muss sich nur einmal darauf einlassen. Und natürlich muss man sich zunächst einige wichtige Daten eingeprägt haben, um überhaupt solche Querverbindungen ziehen zu können. Hier sieht man also wieder, dass sich Interesse durch Wissen erreichen lässt. Im Fach Geschichte musst du dir eigentlich immer Folgendes merken:

- was überhaupt passiert ist,
- wann es passiert ist,
- was davor und danach passiert ist.

Hierzu gibt es verschiedene Merk-Tricks, die in den nächsten Abschnitten beschrieben werden.

Beispiel:
Mittelalter: *Das Verhältnis der Bauern zu den Adligen.* Dazu hast du ja im ersten Kapitel schon einiges gelesen, erinnerst du dich?

Das Land gehörte meist dem Adel (oder der Kirche), während die Bauern keine eigenen Felder hatten. Da aber die Adligen das Land nicht alleine bewirtschaften konnten, liehen sie es den Bauern: Diese bestellten die Felder und gaben den Adligen dafür einen Teil ihrer Ernten. Dieses Verhältnis zwischen Bauer und Adligem nennt man „Lehnsherrschaft“, der Adlige ist der Lehnsherr, der Bauer der Lehnsmann (das Wort „Lehn“ oder „Lehen“ findest du heute beispielsweise noch in „Darlehen“ – das ist Geld, das man gegen Zinsen von der Bank geliehen bekommt).

Um dir das Wort „Lehen“ zu merken, kannst du zum Beispiel die Assoziationstechnik anwenden, die du auf S. 29/30 kennengelernt hast. Dein „Merk-Bild“ könnte folgendermaßen aussehen: Ein Bauer *lehnt sich* an einen Edelmann *an*. Du weißt ja: Je genauer du dir das Bild vor deinem inneren Auge vorstellst, desto besser!

22 Erinnerst du dich an das Wort „Klerus“ im selben Text? Welches Bild könntest du dir vor deinem inneren Auge vorstellen, um dir das Wort zu merken?

Im Fall von konkreten Ereignissen ist es manchmal leichter, sich vorzustellen, was genau passiert ist. Statt eines Bildes stellst du dir also eher so etwas wie einen Film vor. So etwas Ähnliches haben wir im letzten Kapitel schon kurz angesprochen (denk an Zitronenlimonade schlürfende Vögel ...). Bei Geschichtsdaten kannst du also versuchen, dir genau vorzustellen, wie sich die Ereignisse nacheinander abgespielt haben. Je mehr Einzelheiten du dir dabei vor deinem inneren Auge ausmalst, desto leichter wirst du alles behalten!

Um dir Jahreszahlen besser merken zu können, kannst du sogar gleich zwei verschiedene Tricks anwenden.

a) Eselsbrücken

REGEL

Jahreszahlen kann man sich gut einprägen, wenn man versucht, die Zahl mit einem Reim zu verbinden, der zusammenfasst, was in diesem Jahr geschehen ist. – Ähnliche Merksprüche hast du auch schon im zweiten Kapitel kennengelernt, weißt du noch?

Beispiele:

202: zwaa – null – zwaa – Schlacht von Zama

Hintergrund: Im Jahre 202 v. Chr. kämpfte der Karthager Hannibal (Karthago liegt in Nordafrika) gegen den Römer Cornelius Scipio. Diese Schlacht brachte die Wende in den Punischen Kriegen: Vorher hatte Hannibal immer wieder gesiegt, jetzt waren es die Römer, die ihn schlugen!

753: sieben – fünf – drei – Rom kroch aus dem Ei

Hintergrund: Im Jahre 753 v. Chr. gründete Romulus der Sage nach die Stadt Rom, die nach ihm benannt ist.

800: acht – null – null – Karl bestieg den Stuhl

Hintergrund: Im Jahre 800 n. Chr. wurde Karl der Große von Papst Leo III. in Rom zum Kaiser des Heiligen Römischen Reichs deutscher Nation gekrönt.

b) Zahlenbilder

REGEL

Stelle dir die Jahreszahl selbst bildlich vor und baue sie in deine Vorstellung der Ereignisse ein.

TIPP

Am besten machst du das so ähnlich wie bei der Verbindung von Zahl und Laut, nur eben jetzt mit Bildern. Jeder Zahl wird also ein Bild zugeordnet, das dich an die Zahl erinnert.

Beispiel:

Um dir eine 2 zu merken, kannst du an einen Schwan denken: Mit seinem gebogenen Hals sieht er fast aus wie eine schwimmende 2. Für die 5 eignet sich das Bild einer Hand – denn die Hand hat fünf Finger.

0 – Ball		1 – Kerze	
2 – Schwan		3 – Kleeblatt	
4 – Stuhl		5 – Hand	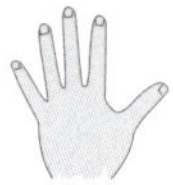
6 – Schlange		7 – Fahne	
8 – Schneemann		9 – Luftballon	

Wenn du dir jetzt ein Geschichtsereignis vorstellst, baust du einfach die dazugehörige Jahreszahl aus den einzelnen Bildern zusammen (beachte auch hier wieder die Reihenfolge der Zahlen!).

Beispiel:

Du willst dir merken, dass der Dreißigjährige Krieg im Jahr 1618 angefangen hat: Lass dazu eine passende und ziemlich eindringliche Szene vor deinem inneren Auge ablaufen. Irgendwo baust du dann die Zahlen ein:

Zum Beispiel könntest du dir einen Krieger vorstellen, der sich gerade vom Schlachtfeld schleppt und in seinem Zelt eine Kerze anzündet (1), weil er heute seinen 30. Geburtstag feiert (das ist die Verbindung zum Ereignis selbst – aus dem Dreißigjährigen Krieg wird ein dreißigjähriger Krieger). An dieser Kerze windet sich gerade eine Schlange hoch (6). Daneben liegt noch die allerletzte Reservekerze des Kriegers (1). Traurig denkt er an friedliche Winterabende, an denen er mit seinen Freunden einen Schneemann gebaut hat (8).

TIPP

Diese Zahlenbilder kannst du natürlich auch verwenden, wenn du dir verschiedene Dinge in einer bestimmten Reihenfolge merken musst. Im letzten Kapitel hast du die „Methode der Orte“ kennengelernt, bei der du in Gedanken von einem Ort zum nächsten gehen konntest.
Die Reihenfolge der Zutaten aus dem Rezept könntest du dir aber auch mit den Zahlenbildern merken.

Beispiel:
Zunächst verbindest du die erste Zutat (Mehl) mit der 1 (Kerze). Du kannst dir vorstellen, wie die Kerze umkippt, ins Mehl fällt und das schöne weiße Mehl danach ganz angekokelt ist. Die zweite Zutat (Butter) verbindest du mit dem Schwan – etwa, indem du ihn in flüssiger Butter schwimmen lässt und so weiter. Wenn du magst, dann nimm dir das Rezept von Seite 39 noch mal vor und überlege dir ein paar Bilder dazu!

Du bist der Lehrer!

Ja, genau, du hast richtig gelesen! Eine prima Möglichkeit, neue Dinge zu behalten, ist es nämlich, sie jemandem beizubringen. Dabei merkt man auch recht schnell, welche Themen man schon gut beherrscht und wo man noch unsicher ist. Letztere kann man nämlich meist nicht besonders gut erklären. Besonders viel Spaß macht es natürlich, wenn du mit einem Freund oder einer Freundin zusammen lernst. Zuerst geht ihr den neuen Lernstoff gemeinsam durch:

Es liest sich jeder von euch durch, was ihr lernen müsst. Anschließend überlegt ihr gemeinsam, welche Punkte besonders wichtig sind und welche weniger wichtig. Die wichtigen Punkte könnt ihr dann auch aufschreiben. So habt ihr eine schriftliche Übersicht über das, was ihr auf jeden Fall können müsst. Anschließend folgt der gemeinsame Unterricht und der könnte zum Beispiel so funktionieren:

TIPP

Einer von euch beiden fängt an und versucht dem anderen zu erklären, was ihr gerade gelernt habt. Derjenige, der zuhört, kann dann Fragen stellen. So merkt der „Redner" auch, wo er noch Lücken hat. Diesen Stoff sollte er noch einmal wiederholen. Wenn derjenige, der den Stoff erklärt, nicht mehr weiterweiß, kann der andere übernehmen: Jetzt erzählt er, was ihr gemeinsam gelernt habt. Wenn keiner von euch weiterweiß, dann nehmt ihr noch einmal eure schriftliche Übersicht zur Hand und wiederholt gemeinsam, was ihr vergessen habt.

Sich gegenseitig zu unterrichten ist etwas aufwendig. Man lernt aber sehr viel dadurch, und zwar deshalb, weil du dabei alles machst, was du im ersten Kapitel gelernt hast: Du wiederholst den Stoff auf viele verschiedene Arten! Einmal liest du etwas darüber, dann redest du mit deinem Lernpartner oder deiner Lernpartnerin darüber und zusammen schreibt ihr schließlich die wichtigsten Punkte auf. Der „Lehrer" spricht über den Stoff; der „Schüler" hört zu, denkt aber gleichzeitig mit und überlegt sich Fragen.

Checkliste – Gegenseitiges Unterrichten:

- ☐ Zuerst verschaffen wir uns gemeinsam einen Überblick über den Lernstoff (Durchlesen der entsprechenden Kapitel, Unterstreichen wichtiger Stellen, Anbringen von Randbemerkungen).
- ☐ Anschließend sprechen wir gemeinsam darüber, was besonders wichtig ist. Diese wichtigen Punkte schreibt sich noch einmal jeder auf ein Blatt Papier.
- ☐ Dann fängt einer von uns an, diese Punkte vorzutragen. Der andere hört dabei aufmerksam zu und stellt Fragen.
- ☐ Wenn der „Lehrer" nicht mehr weiterweiß, wird getauscht. Wir achten darauf, dass jeder von uns etwa gleich oft „Lehrer" und „Schüler" ist.
- ☐ Wenn keiner von uns weiterweiß, wiederholen wir noch einmal mithilfe des Blatts, auf dem wir die wichtigsten Punkte aufgeschrieben haben.

23 **Frage deine beste Freundin oder deinen besten Freund, ob sie oder er Lust hat, mit dir zusammen für die nächste Klassenarbeit zu lernen. Dafür könnt ihr die Technik des gegenseitigen Unterrichtens anwenden.**

4. Warum habe ich heute vergessen, was ich gestern noch konnte?

Wenn neues Wissen einfach nicht in deinem Kopf bleiben will, kann das an verschiedenen Sachen liegen: Vielleicht hast du versucht, zu viel auf einmal zu lernen; vielleicht lag es aber auch daran, dass du den Stoff noch nicht tief genug verarbeitet hast. In diesem Kapitel lernst du, wie du auch größere Lernaufgaben sinnvoll planst und warum es wichtig ist, sich schon beim Merken Gedanken zum Stoff zu machen.

Warum man nicht die ganze Torte auf einmal essen sollte

Sicher kennst du die Situation: Es gibt eine leckere Torte und eigentlich bist du schon satt, aber irgendwie schmeckt es so gut, und deshalb isst du das letzte Stück auch noch. Wie du jedoch kurz darauf merkst, war das ein Fehler: Denn dir ist plötzlich ziemlich schlecht und wahrscheinlich ärgerst du dich, dass du nicht rechtzeitig aufgehört hast.
Was hat nun aber das Ganze mit deinem Gedächtnis zu tun? Eine ganze Menge! Denn wie deinen Magen kannst du auch dein Gedächtnis „überfüttern“, wenn du ihm zu viel auf einmal zumutest. Wenn du also versuchst, ganz viele neue Sachen ohne Pause hintereinander zu lernen, wird das wahrscheinlich nicht auf Anhieb klappen, da das Gedächtnis in so kurzer Zeit nicht alles aufnehmen kann. Irgendwann erreichst du einen Punkt, an dem du das Gefühl hast, dass du gar nichts mehr in deinen Kopf hineinbekommst.

24 **Hast du schon mal erlebt, dass du dir nichts mehr merken konntest, als du beispielsweise versucht hast, dir den ganzen Stoff für eine Klassenarbeit an einem einzigen Nachmittag einzuprägen?**

a) In welcher Situation war das genau?

____

____

b) Wie hast du dich dabei gefühlt?

____

c) Wie kam es dazu, dass du so viel auf einmal lernen wolltest oder musstest?

____

____

d) Hast du eine Idee, was du tun könntest, damit dir das beim nächsten Mal nicht mehr passiert?

____

____

Damit so etwas gar nicht erst passiert, solltest du dir deinen Lernstoff in vernünftige „Portionen“ aufteilen. Das gilt für einzelne kleine Aufgaben wie zum Beispiel deine Hausaufgaben ebenso wie für größere (zum Beispiel Klassenarbeiten).

Erinnerst du dich an das zweite Kapitel? Dort hast du schon erfahren, dass Pausen beim Lernen ziemlich wichtig sind, damit sich der neue Stoff „setzen" kann und du außerdem länger am Ball bleibst. In der Schule arbeitest du ja auch nicht von morgens 8 Uhr bis mittags durch.

TIPP

Wenn du noch nicht so ganz überzeugt bist, ob Pausen wirklich gut sind, dann versuche doch mal ein Experiment: Sobald du anfängst zu lernen, schaust du auf die Uhr und stellst dir deinen Wecker so, dass er eine Stunde später klingelt. Während dieser Stunde schaust du nur in deine Bücher. Du darfst nicht von deinem Platz aufstehen, aus dem Fenster sehen oder träumen. Das geht erst wieder, wenn der Wecker klingelt! Vermutlich wirst du es irgendwann nicht mehr aushalten und unbedingt auf die Uhr schauen wollen, um zu sehen, wie lange es noch dauert!

Wenn du viel zu tun hast, solltest du also vorher überlegen, wie du vorgehst. Dabei darfst du aber die Pausen nicht vergessen. Im Kasten unten findest du einige Grundregeln, wie man das Lernen plant. Je größer und wichtiger die Aufgabe, desto wichtiger ist auch die Planung!

REGEL

Planung von Lernaufgaben

Dein Ziel ist es, ein Lernpensum bis zu einem bestimmten Zeitpunkt zu beherrschen.

1. Verschaffe dir einen Überblick darüber, wie groß die Aufgabe ist und was du alles lernen musst.
2. Überprüfe, wie viel Zeit dir bleibt, bis du die Aufgabe können musst.
3. Teile die Aufgabe in „Portionen" ein.
4. Verteile diese „Portionen" möglichst gleichmäßig auf die Zeit. Schreibe dir bei großen Aufgaben auf einen Zettel, was du wann lernen willst. Hänge diesen Plan an einem gut sichtbaren Ort auf.

5. Lerne immer eine Portion auf einmal und gönne dir danach eine Pause. Bevor du etwas Neues anfängst, solltest du vorher den alten Stoff ein paar Minuten lang wiederholen. So wird er dir schnell vertraut und du weißt wieder, worum es ging.
6. Überprüfe regelmäßig, ob du den Plan eingehalten hast, und hake ab, was du schon gelernt hast. Hast du gut gearbeitet, dann steht dir eine kleine Belohnung zu. Überlege dir etwas, das dir richtig Spaß macht!

25 **Wie würdest du bei folgenden Aufgaben vorgehen? Schreibe auf, was du tun würdest! Du kannst dich dabei an den oberen Regeln orientieren.**

a) Kleine Aufgabe: Gedicht lernen. Du musst bis zum nächsten Tag ein Gedicht mit 7 Strophen lernen und hast dafür den ganzen Nachmittag Zeit. Wie gehst du vor?

____

____

____

b) Große Aufgabe: Klassenarbeit. Du schreibst in 2 Wochen eine Englischarbeit und musst bis dahin insgesamt 200 Vokabeln und eine Seite mit 10 Grammatikregeln beherrschen. Wie machst du das?

____

____

____

26 **Jetzt wird's konkret. Wann schreibst du die nächste Klassenarbeit? Verwende die Regeln im Kasten auf den Seiten 54 und 55 zur Planung und schreibe in der folgenden Tabelle genau auf, was du bis wann können willst!**

Ziel: Was willst du können?	Bis wann?	Hast du dein Ziel erreicht?
		☐ ja ☐ nein
		☐ ja ☐ nein
		☐ ja ☐ nein
		☐ ja ☐ nein
		☐ ja ☐ nein

Mach's wie die Eichhörnchen

Vermutlich weißt du, dass Eichhörnchen im Herbst Nüsse und andere Vorräte für den Winter in der Erde vergraben. Wenn du so ein Eichhörnchen schon mal dabei beobachtet hast, konntest du bestimmt sehen, dass das viel Arbeit ist!
Andererseits: Wenn die Eichhörnchen ihre Vorräte einfach nur so auf den Boden legen würden, wären diese mit Sicherheit ganz schnell verschwunden.
Der große Aufwand dient also dazu, die Nahrung sicher aufzubewahren und anschließend auch wieder zu finden.
Mit dem Gedächtnis verhält es sich ähnlich: Wenn man den Stoff nur oberflächlich lernt, vergisst man ihn schneller. Deshalb ist es wichtig, dass man versteht, was die Sachen bedeuten und wie sie mit anderen Dingen zusammenhängen, über die man bereits Bescheid weiß.
Du könntest zum Beispiel überlegen, ob du die Sachen in unterschiedliche Gruppen einteilen kannst. Wenn du so vorgehst, dann hast du dein neues Wissen genauso sicher verwahrt wie die Eichhörnchen ihre Nahrung und wirst es deshalb auch ebenso problemlos wiederfinden.

27 Nimm dir noch einmal die Bildkarten von Aufgabe 5 auf S. 13/14 vor. Wie würdest du die abgebildeten Gegenstände aufteilen?

Gruppe	**Was gehört alles dazu?**
Schmuck	Ring, Halskette, Armbanduhr
Sport und Spiel	

Aber auch mithilfe von erfundenen Bildern kannst du neuen Lernstoff tiefer verarbeiten als durch pures Auswendiglernen. Die entsprechenden Techniken hast du ja schon in Kapitel 3 kennengelernt.

TIPP

Überlege dir immer gut, welchen ganz persönlichen Sinn du den Dingen geben kannst, die du dir merken möchtest.

Wenn du eine neue Technik lernst und sie die ersten Male verwendest, kann es vorkommen, dass du das Gefühl hast, dein Gedächtnis wird eher schlechter. Vielleicht kannst du dir auch tatsächlich erst mal weniger Sachen merken als vorher mit einfachem Durchlesen und Wiederholen. Das ist ganz normal, weil du den neuen Gedächtnistrick erst eine Weile üben musst, bevor das Ganze „automatisch“ funktioniert. Mit der Zeit wirst du daher die neuen Techniken, mit denen du die Lerninhalte tiefer verarbeiten kannst, immer besser nutzen können.

5. Wie lerne ich, Gedächtnistricks selbstständig anzuwenden?

Im Verlauf dieses Buches hast du schon eine ganze Menge über dein Gedächtnis erfahren und dabei verschiedene Tricks kennengelernt. Um dir Sachen aber auch dauerhaft besser merken zu können, reicht es nicht, die Techniken nur einmal auszuprobieren – du musst sie regelmäßig üben! Denn nicht umsonst heißt es ja: Übung macht den Meister. Und je öfter du die verschiedenen Tricks anwendest, desto besser wirst du auch. In diesem Kapitel lernst du, wie du dein Gedächtnis mithilfe dieser Strategien auch im Alltag selbstständig trainieren kannst.

Gedächtniszauberei

Stell dir einmal einen Zauberer vor, der nur einen Trick beherrscht: Immer wieder zaubert er weiße Kaninchen aus dem Hut, nie etwas anderes ... Für das Publikum wird das wahrscheinlich auf die Dauer ziemlich langweilig, und irgendwann wird niemand mehr den Zauberer und seine Kaninchen sehen wollen. Vielleicht hätte er doch besser einmal etwas Zeit darauf verwendet, ein paar Tricks dazuzulernen!

Auch beim Merken ist es sinnvoll, möglichst viele Techniken zu kennen. Warum das so ist, lässt sich in zwei Punkten zusammenfassen:

Menschen sind unterschiedlich! Ein wichtiger Grund ist, dass sich Leute Dinge auf unterschiedliche Art und Weise merken. Ein Trick, der bei dir gut funktioniert, muss bei deinem besten Freund oder deiner besten Freundin noch lange nicht klappen. Umgekehrt kann es ebenso sein, dass du mit der Strategie, die jemand anderes mit viel Erfolg benutzt, gar nicht zurechtkommst. Wenn du also viele Tricks zur Auswahl hast, kannst du ausprobieren, was für dich am besten funktioniert (und wenn du nett bist, auch deinen Freunden Tipps geben).

Aufgaben sind unterschiedlich!

Je nachdem, was du dir genau merken musst, können unterschiedliche Techniken sinnvoll sein – du erinnerst dich sicherlich an die verschiedenen Merk-Tricks für Gedichte, Vokabeln, Sachtexte und einiges mehr, die in diesem Buch vorgestellt wurden.

Du kannst dir deine Sammlung an Merk-Tricks ungefähr vorstellen wie einen Werkzeugkasten: Idealerweise findest du dort für jede Aufgabe das passende Werkzeug. Natürlich kannst du beispielsweise zur Not auch einen Nagel mit der Zange einklopfen oder eine Schraube mit dem Taschenmesser herausdrehen. Aber mit dem Werkzeug, das normalerweise für eine bestimmte Arbeit vorgesehen ist, geht es einfacher und schneller; und so verhält es sich auch mit dem Lernen.

Wie findest du nun heraus, welchen Trick du bei einer bestimmten Lernaufgabe anwenden sollst? Wichtig ist, dass du den Schwierigkeitsgrad einer Aufgabe einzuschätzen lernst und gleichzeitig weißt, welche Techniken bei dir grundsätzlich am besten funktionieren. Dazu kannst du auf deine bisherigen Erfahrungen mit ähnlichen Aufgaben zurückgreifen. Stelle dir dazu folgende Fragen:

1. Wie leicht oder wie schwer konnte ich ähnliche Aufgaben in der Vergangenheit behalten?
2. Welche Tricks und Techniken habe ich für solche Aufgaben schon benutzt?
3. Mit welchen Tricks und Techniken hatte ich am meisten Erfolg?

28 **Teste anhand der folgenden Fragen, welche Technik du am besten bei deinen heutigen Hausaufgaben anwendest.**

Welche Art von Stoff musst du lernen?

____

a) Wie gut konntest du dir ähnliche Inhalte früher merken?
☐ sehr gut ☐ gut ☐ mittel ☐ nicht so gut ☐ ganz schlecht

b) Welche Tricks kennst du für solche und ähnliche Aufgaben? (Nur die Tricks aufschreiben, die du schon einmal ausprobiert hast!)

____

____

c) Welcher von diesen Tricks war am besten geeignet?

____

Übung macht den Meister

Du kennst nun verschiedene Tricks, um dir bestimmte Dinge besser merken zu können und weißt, wann du welchen von ihnen am besten anwendest. Um dein Gedächtnis auf Dauer zu verbessern, musst du diese Tricks aber immer wieder üben, und das bei möglichst vielen verschiedenen Gelegenheiten!
Wenn du auch im Alltag spürst, dass das Merken mit den neuen Techniken viel leichter ist, vergisst du bestimmt nicht, wie sie funktionieren, da du sie fast täglich anwenden wirst. Im Folgenden sind einige Gelegenheiten aufgelistet, bei denen du ganz entspannt üben kannst.

- **Einkaufszettel:** Mach ein Spiel daraus, dir möglichst alle Gegenstände zu merken, die du besorgen musst. (Zur Sicherheit kannst du den Einkaufszettel ja mitnehmen, aber du schaffst es bestimmt auch ohne!)
- **Geburtstage:** Wenn du alle Geburtstage von Freunden und Verwandten im Kopf hast und immer rechtzeitig gratulierst, kannst du vielen Menschen eine Freude machen.
- **Telefonnummern:** Endlich musst du nicht mehr nachsehen, wenn du einen deiner Klassenkameraden anrufen möchtest.
- **Schultasche packen:** Normalerweise notiert man sich zwar, wenn man am nächsten Tag etwas mit in die Schule bringen muss, was man nicht vergessen darf. Du kannst es dir aber bestimmt auch merken!
- **Gedächtnisspiele:** Pack das gute alte Memory mal wieder aus oder wiederhole einige der Übungen aus dem Buch zusammen mit Freunden.
- **Gedächtnistraining in der Schule:** Frag doch mal deinen Lehrer oder deine Lehrerin, ob sie nicht Lust haben, in einer Verfügungsstunde einige der Gedächtnisübungen mit deiner Klasse zu machen – so habt ihr alle etwas davon!

Eines ist klar: Je öfter man sein Gedächtnis nutzt, desto besser wird es auch. Und wenn du regelmäßig übst und auch immer mal wieder versuchst, neue Tricks kennenzulernen, findest du bestimmt heraus, welche für dich selbst die besten sind! Dieses Buch hat dir hoffentlich dabei geholfen, und deshalb solltest du es später ruhig immer mal wieder zur Hand nehmen und die Tricks und Übungen noch einmal wiederholen. So kannst du nämlich sehen, welche Fortschritte du gemacht hast! Wie viel du schon jetzt über dein Gedächtnis hinzugelernt hast, kannst du prüfen, indem du den Einstiegstest auf den Seiten 6–8 noch einmal machst.

Lösungen

Aufgabe 1

Frage 1: Lösung b ist richtig. Beim Lernen – vor allem, wenn man viel lernen muss – ist es besser, den Stoff in kleine Portionen aufzuteilen. So kann man sich in den Pausen erholen, und das Gelernte kann sich setzen. Außerdem verliert man nicht so schnell die Lust! Ideal ist es auch, wenn man die bereits gelernten Teile nochmals kurz wiederholt, bevor man sich an die neuen Inhalte macht.
Frage 2: Lösungen a und c sind richtig. Zum einen kommt es auf die Person an, die lernt. So kannst du dir vielleicht Sachen besser merken, wenn du etwas darüber liest, während deine Freundin neue Dinge besonders gut behält, wenn jemand sie ihr erklärt. Andererseits hängt es aber auch von der Schwierigkeit der Aufgabe ab: Bei leichten Aufgaben genügt es manchmal schon, sich das Material nur anzuschauen.
Frage 3: Lösung b ist richtig. – Du solltest dir also ausreichend Zeit nehmen und neuen Stoff möglichst oft wiederholen, sonst kannst du ihn dir nur kurzzeitig merken.
Frage 4: Lösungen b und c sind richtig. Zum einen wirft man allzu ähnliche Lerninhalte leicht durcheinander, zum anderen ist es auch langweilig – dann doch lieber zwischendurch etwas anderes machen!
Frage 5: Antwort a ist richtig. Das Langzeitgedächtnis kann sehr, sehr viele Dinge speichern. – Schwierig ist oft nur, diese auch wiederzufinden. Sie liegen einem dann förmlich auf der Zunge, aber man kann sie nicht aussprechen.
Frage 6: Antwort a ist richtig. Wenn man das Gelernte noch einmal wiederholt, werden dadurch die „Spuren“ des alten Lernstoffs noch einmal geweckt. Man ruft sich so den Stoff noch einmal ins Gedächtnis.
Frage 7: Antwort b ist richtig. Zum einen weiß man oft schon einiges über die Dinge, für die man sich interessiert, und kann sich dadurch Neues auch besser merken. Zum anderen hat man auch mehr Lust zu lernen, wenn einem der Stoff nicht egal ist.
Frage 8: Antwort a ist richtig. Natürlich kostet es zuerst einmal Zeit und Kraft, die Lernstrategien einzuüben, und vielleicht kannst du dir am Anfang neue

Sachen erst einmal schlechter merken als vorher. Mit der Zeit lernst du aber, die Techniken „automatisch“ zu verwenden, und sparst dadurch schließlich eine Menge Zeit und Aufwand.

Frage 9: f, c, a, d, b, e. Strategie f ist am besten, weil sie Bedeutung und Klang verbindet und man somit das neue Wort an etwas Bekanntes anknüpft. Die Vokabeln einzeln zu lernen ist besser, als sie in der Reihenfolge zu lernen, weil man sich so immer auf ein Wort konzentriert, bis man es kann. Lautes Lesen hilft einem dabei, weil man so gleichzeitig das Wort und den Klang aufnimmt. Die Vokabeln von oben nach unten zu lernen ist nicht so gut, weil man so Zeit für Wörter „verschwendet“, die man schon kann. Besser ist es, wenn man sich mehr Zeit für die Vokabeln nimmt, die man noch nicht beherrscht. Strategie e dagegen ist zum Vokabellernen nicht besonders gut geeignet – du solltest sie eher verwenden, wenn du dir viele verschiedene Dinge in einer bestimmten Reihenfolge merken musst.

Aufgabe 2

Überwiegend 

Sehen – du kannst dir Sachen besonders gut merken, wenn du sie gesehen oder wenn du etwas darüber gelesen hast.

Überwiegend 

Hören – deine Stärke ist es, Dinge zu behalten, die du gehört hast.

Überwiegend 

Machen – was du gefühlt oder selbst gemacht hast, vergisst du so schnell nicht mehr.

Zwei Symbole gleich häufig:

Du bist ein Mischtyp – schau bei den beiden Symbolen nach, die du am häufigsten gewählt hast.

Aufgabe 3

Das Wort „Ameisen“ wird nicht auf der ersten Silbe betont, sondern auf der zweiten; so passt es vom Rhythmus her besser zur nächsten Zeile. Probier’s mal aus!

Aufgabe 6

Nach der Chemiestunde hast du sicher mehr behalten, weil euch die Lehrerin den neuen Stoff nicht nur erzählt, sondern auch gleich noch vorgeführt hat. Du konntest ihn also über das Ohr und über die Augen aufnehmen. Und da ihr ab und zu selbst einen chemischen Versuch durchführen dürft, habt ihr auch noch den Tastsinn eingesetzt.
Am meisten Spaß macht normalerweise das Fach, das abwechslungsreich unterrichtet wird, auch wenn es vielleicht vorher nicht zu deinen Lieblingsfächern gehörte.

Aufgabe 7

So könnte deine Mind-Map aussehen:

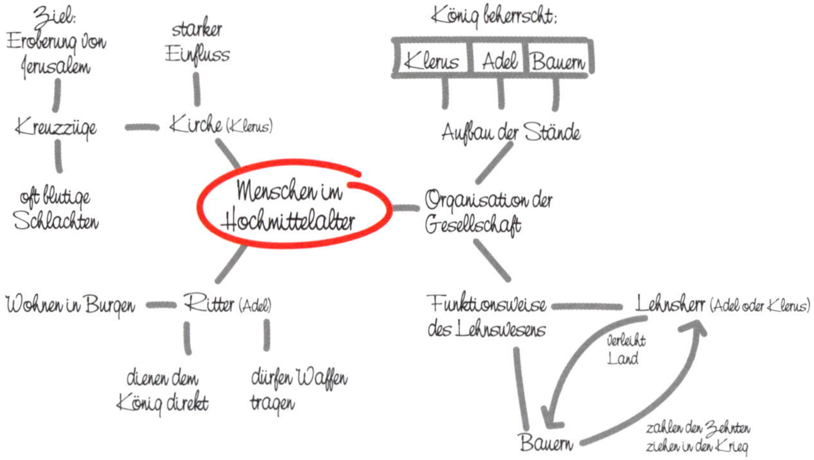

Aufgabe 13

Die verrückte Merk-Geschichte könnte zum Beispiel folgendermaßen lauten: Auf **Backpapier** schiebe ich die **Pizza** in den Ofen und hoffe, dass der **Käse** schön verläuft. Leider reicht die Hitze nicht aus. Daher stelle ich eine **Kerze** unter das Backblech und zünde sie mit einem **Streichholz** an. Da beginnt der Käse sofort zu laufen, noch bevor ich die Hand zurückgezogen habe, und bekleckert den nagelneuen Topflappen meiner Mutter. Zum Glück finde ich gleich das **Waschpulver**, sodass er im Nu wieder sauber ist.